Nous profitons de cet album pour remercier ceux qui ne reculent pas devant l'inconnu et la nouveauté. Merci à ceux qui se tiennent debout, ceux qui osent, aux battants, à ceux qui revendiquent et qui en paient le prix et ceux qui, à l'occasion, réussissent à déposer une poignée de sable dans l'engrenage qui fait tourner la grosse machine.

Également, nos remerciements vont à toutes les personnes qui ont gravité autour du projet depuis ses débuts. De l'étoile filante au bon vieux soleil qui réchauffe nos cœurs, votre présence est rassurante. Merci pour vos encouragements, merci pour vos poignées de main, merci pour vos critiques, merci pour votre confiance, merci pour vos publicités, merci pour vos sourires, merci pour vos corrections, merci pour vos anecdotes, merci pour vos contacts, merci de nous lire.
À vous tous, merci; y a beaucoup de *vous autres* dans ce livre.

À mon père, un homme de grandes valeurs.

— Jean-François

Ce qu'il y a de plus cher dans la vie, c'est la santé et le temps. Santé et longue vie à ceux qui nous donnent de leur temps ! Merci spécialement à Anne-Marie Deraspe, Amella Deveau, Athésia, Carl Bélanger, Carole Gaudet, Denis Dubois, Johny Cheang, Fernand Deveau, Frédérique Pelletier-Lamoureux, Jean-Guy Gaudet, Jean-Marie DeKoninck, Jean-Pierre Goyer, Jean-Sébastien Mayrand, Julie Orhon, Marcel Levasseur, Marie-Claude Montigny, Martin Richard, Mathieu Blouin, Maude Charest, Micheline Rouleau, Patrick Bérard, Pier-Luc Parent, Serge Fleury, Thanh An Hoang, et à ma famille, Henri-Paul, Lise, Josée et Valérie Poirier.

À mes parents, bonne retraite !

— Hugues

Pour leur contribution au projet, l'équipe du Vent Qui Vente désire remercier spécialement :

Ministère du Tourisme
Québec

www.caaquebec.com

Litho **Mille~Îles** Ltée
355, rue GEORGES VI,
TERREBONNE (QUÉBEC)
J6Y 1N9
Tél.: (450) 621-4856
Fax: (450) 621-6820

Dépôt légal : août 2005
2e édition : juin 2006
Bibliothèque nationale et Archives nationales du Québec
Bibliothèque nationale du Canada
ISBN: 978-2-9808043-3-5
Imprimé au Québec par Litho Mille-Îles

Tous droits réservés
555, chemin Jean-Guy
Cap-aux-Meules (Québec)
G4T 1H6
www.leventquivente.com

JEAN-FRANÇOIS GAUDET ET HUGUES POIRIER
PRÉSENTENT

LES AVENTURES DE

2e édition

TEXTE DE JEAN-FRANÇOIS GAUDET
DESSINS DE HUGUES POIRIER

collaboration aux dessins
Marcel Levasseur

PRODUCTION

Qui sème le vent, récolte.

www.leventquivente.com

LA CRÉATION

Du haut de ses nuages, bien avant les migrations, les fleurs de lys et les premières nations, le Créateur envisageait de grandes richesses pour ce coin de pays d'exception. Son œuvre débuta par un fleuve magnifique, aux allures sensuelles. En guise de présentation, Il érigea un promontoire d'un scintillement sans équivoque. Puis, avec hésitation, Il s'interrogea sur l'essence même de cette région. Ville ou village? Telle était Sa question.

Après de longues minutes de réflexion, le Créateur arriva à la conclusion que, pour la première fois de Son existence éternelle, Il se trouvait un peu nono*. Pourquoi diable devait-Il donner réponse à cette question? Et, dans un élan créateur gigantesque, Il parsema Sa création de vert pour le calme et l'immensité, de rouge pour la passion et la vie, de bleu pour le sourire des enfants et l'immortalité, de blanc pour la magie et les rapprochements, de jaune pour la chaleur et l'intensité, de brun, de rose, de gris, de mauve...

Son travail terminé, Il fit venir Dagobert afin de placoter* un brin. Il lui dit : « Mon grand, j'aimerais te confier un endroit dont je suis particulièrement fier. Voici ton royaume, que tu gagneras à connaître et à faire découvrir, que tu défendras corps et âme, que tu chériras et que tu partageras avec des centaines de milliers de curieux. » Et Dagobert de renchérir en regardant l'oeuvre : « C'est tout simplement fabuleux, mais ne pourriez-vous pas y envoyer quelques jolies filles pour les froides soirées d'hiver? »

Très généreux de Sa personne, le Créateur, qui s'entendait particulièrement bien avec Dagobert, trouva l'idée agréable. Pour compenser les rigueurs de l'hiver, Il déposa alors, comme touche finale à Sa création, le gène de la beauté chez les habitants. Au fil des années et au gré des aventures, s'installa une relation unique entre Dagobert et son Québec. Une relation basée sur la fierté et l'appartenance, que tous gagneront à découvrir.

* Voir glossaire à la fin du livre, pour ce mot et tous ceux qui figurent en gras dans le texte.

QUÉBEC L'HIVER... QUÉBEC ET LA NEIGE... QUÉBEC ET LES HAUTS ET LES BAS D'UN THERMOMÈTRE HYSTÉRIQUE... MAIS AUSSI, QUÉBEC ET LA CHALEUR... LA CHALEUR D'UNE VILLE SOMPTUEUSE QUI A TANT À OFFRIR AUX VISITEURS. QUÉBEC ET LE BOUILLONNEMENT DE SES HABITANTS, CEUX QUI ANIMENT CETTE VILLE, QUI LUI DONNENT VIE DOUZE MOIS PAR ANNÉE. ET PUIS, QUÉBEC ET LA VIGUEUR D'UN DE SES PERSONNAGES. DAGOBERT LAFLEUR, COCHER DE PROFESSION, QUÉBÉCOIS D'ÂME ET DE COEUR.

UNE AUTRE JOURNÉE SPLENDIDE, FLEUR-DE-LYS. LES VISITEURS VONT POUVOIR ADMIRER QUÉBEC DANS SES PLUS BEAUX ATOURS.

ÉVIDEMMENT, UN CHEVAL, ÇA NE PARLE PAS...

MAIS ÇA COMPREND BEAUCOUP PLUS DE CHOSES QUE VOUS NE PENSEZ.

BREF, REVENONS À NOS MOUTONS.

BONJOUR MONSIEUR! NOUS AIMERIONS FAIRE UNE PETITE VISITE DE LA VILLE JUSQU'À NOTRE HÔTEL.

BONJOUR À VOUS DEUX, JE M'APPELLE DAGOBERT. LAISSEZ-MOI DONC LE PLAISIR DE VOUS **PLACOTER** UN PEU À PROPOS DE MON QUÉBEC.

GROUPE FINANCIER STRATÈGE
Cabinet de services financiers

PLACE DE LA CITÉ
2600, BOUL. LAURIER / BUREAU 880
SAINTE-FOY (QUÉBEC)
G1V 4W2
TÉL.: 418.628.4500
FAX: 418.651.8568
SANS FRAIS: 1.877.628.9449

WWW.GROUPESTRATEGE.COM

DEPUIS DES LUNES, DAGOBERT SE PLAÎT À RACONTER QUÉBEC, LA VILLE QUI L'A VU GRANDIR. LES VISITEURS QUI POSENT LEURS FESSES DANS SA CALÈCHE SONT TOUCHÉS PAR L'HISTOIRE ET LA BEAUTÉ DE LA VILLE.

REGARDEZ À VOTRE GAUCHE LA **BASILIQUE DE QUÉBEC**... C'EST BEAU **EN PETIT PÉCHÉ**, N'EST-CE PAS?

ALORS MONSIEUR DAGOBERT, VOUS AVEZ GRANDI ICI?

OUI, D'AILLEURS REGARDEZ LÀ-BAS, C'EST LE **PETIT SÉMINAIRE DE QUÉBEC** QUI, DEPUIS 1668, FAIT LA LEÇON AUX ÉTUDIANTS. C'EST L'ENDROIT OÙ J'AI FAIT MES ÉTUDES.

MA FEMME ME DIT TOUJOURS QUE J'AURAIS DÛ ÉCOUTER DAVANTAGE MES PROFESSEURS... MAIS BON! ON FAIT C'QU'ON PEUT.

AH! VOILÀ NOTRE HÔTEL, MONSIEUR DAGOBERT. MERCI POUR CE PETIT RACCOMPAGNEMENT INSTRUCTIF.

SURPLOMBANT QUÉBEC DU HAUT DU **CAP DIAMANT**, LE **CHÂTEAU FRONTENAC** PORTE LE NOM D'UN CÉLÈBRE PERSONNAGE, DÉFENSEUR DE LA NOUVELLE-FRANCE: LOUIS DE BUADE, COMTE DE FRONTENAC.

UNE TRADITION PRINTANIÈRE TOUTE QUÉBÉCOISE CONSISTE À RASSEMBLER PARENTS ET AMIS POUR UNE EXCURSION À LA CABANE À SUCRE, OÙ LA MISSION, QUI REVIENT À SE SUCRER LA **BETTE** SANS AUCUN REMORDS, FAIT ASSURÉMENT LE BONHEUR DE TOUS.

À la cabane à sucre

ABRAHAM, AUJOURD'HUI JE TE DEMANDE D'ÊTRE SAGE ET DE NE PAS FAIRE DE BÊTISES!

OUI MAMAN!

DAGOBERT, AUJOURD'HUI JE TE DEMANDE D'ÊTRE SAGE ET DE NE PAS FAIRE DE BÊTISES!

OUI CHARLOTTE!

SURTOUT SOYEZ PRUDENTS LES ENFANTS! ON SE REVOIT PLUS TARD POUR LE **DÎNER**.

QUOI DE PLUS ENIVRANT QUE DE SE RETROUVER EN PLEINE NATURE, OÙ LES ODEURS ET LE DÉCOR FUSIONNENT AVEC TOUS LES SENS?

C'EST COMME SI, AU CONTACT DE LA NATURE QUI SE RÉVEILLE, LA VIE REPRENAIT FORME.

CERTAINS PROFITENT DE L'ANIMATION SUR PLACE POUR PARTICIPER À DES CONCOURS D'HABILETÉ...

ALORS QUE D'AUTRES SE LAISSENT SIMPLEMENT GUIDER PAR L'AVENTURE.

PUIS, SUR LE COUP DE MIDI, C'EST L'APPEL À TABLE.

AU MENU : **OREILLES DE CRISSE** À L'ANCIENNE, JAMBON FUMÉ AU SIROP D'ÉRABLE, **BINES** DU BON VIEUX TEMPS, ETC.

LE TOUT ACCOMPAGNÉ DE CHANSONS TRADITIONNELLES ENTRAÎNANTES...

ET ON POURSUIT AVEC LE **REEL** DE LA CABANE À SUCRE!

ET, BIEN ÉVIDEMMENT, DE QUELQUES DANSES EN LIGNE.

POUR CLORE CE REPAS GASTRONOMIQUE, IL Y A L'INÉVITABLE PETITE HALTE À L'EXTÉRIEUR, QUI VAUT SON PESANT D'OR...

D'OR SUCRÉ, SOIT LA SUCCULENTE ET POPULAIRE **TIRE** D'ÉRABLE SUR LA NEIGE. BON APPÉTIT!

Chez Ti-Père

CABANE À SUCRE

ALORS QUE QUÉBEC OUVRE TRANQUILLEMENT LES BRAS À UNE NOUVELLE SAISON, LA FAMILLE LAFLEUR, COMME PLUSIEURS FAMILLES D'ICI ET D'AILLEURS, CÉLÈBRE CE PASSAGE D'UNE FAÇON TRÈS ÉPICURIENNE. AU DIABLE LE PÉCHÉ DE GOURMANDISE, LA RÉDEMPTION SUIVRA BIENTÔT.

MI-AVRIL; UNE TRADITION POUR LA FÊTE DE PÂQUES.

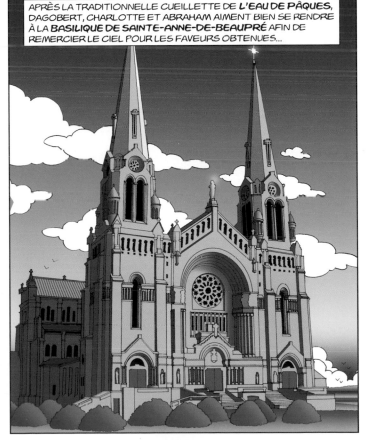

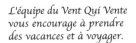

ET EN DEMANDER QUELQUES AUTRES POUR LES MOIS QUI VIENNENT.

MIRACLES

BONNE SAINTE-ANNE, JE VOUS DEMANDE LA SANTÉ POUR MA FAMILLE ET MOI. FAITES QUE LES GUERRES CESSENT, QUE TOUS LES ENFANTS DE LA TERRE PUISSENT GRANDIR LIBRES ET HEUREUX.

BONNE SAINTE-ANNE, FAITES QUE FLEUR-DE-LYS M'ACCOMPAGNE ENCORE LONGTEMPS ET, DANS LA MESURE DU POSSIBLE, RAMENEZ-NOUS UN CLUB DE HOCKEY DE LA LIGUE NATIONALE.

BONNE SAINTE-ANNE, ENVOYEZ-MOI UNE GROSSE TEMPÊTE DE NEIGE QUI ME DONNERAIT CONGÉ DE L'ÉCOLE POUR PLUSIEURS JOURS!

JE VOIS! J'EN CROIS PAS MES YEUX! C'EST UN MIRACLE!

AH! CETTE CHÈRE FLEUR-DE-LYS, TOUJOURS FIDÈLE AU RENDEZ-VOUS!

OUI, JE DIS MERCI AU CIEL, ELLE EST TOUJOURS EN GRANDE FORME.

PAPA, J'VEUX MA **POUTINE** MAINTENANT, BON!

AH! TIENS, IL COMMENCE À NEIGER.

C'EST ÉTRANGE, POURTANT LA MÉTÉO DONNAIT DU BEAU TEMPS POUR AUJOURD'HUI.

HUM! C'EST PAS JOLI. LE CIEL DOIT VOULOIR PUNIR QUELQU'UN...

MERCI, C'EST SUPER! AU MOINS MA JOURNÉE N'EST PAS PERDUE.

À QUÉBEC, ON UTILISE SOUVENT L'ADAGE « EN AVRIL NE TE DÉCOUVRE PAS D'UN FIL. » VOILÀ UNE IMAGE QUI VOUS DONNE UNE IDÉE DU POURQUOI.

FIN AVRIL; PLACE À LA RIVALITÉ.

EN CE DÉBUT DE JOURNÉE DE TRAVAIL, COMME À L'HABITUDE, DAGOBERT SE REND RUE D'AUTEUIL POUR Y SALUER MAURICE, SON COLLÈGUE QUI, À L'OCCASION, DEVIENT UN GRAND RIVAL.

SPÉCIALEMENT EN CE JOUR DU 20 AVRIL QUI DEMEURE ENCORE ET TOUJOURS, POUR PLUSIEURS, UNE DATE HISTORIQUE...

UNE JOURNÉE MÉMORABLE QUI RAPPELLE LE CÉLÈBRE **MATCH DU VENDREDI SAINT.**

PFFT! TU VAS ME SORTIR ENCORE CETTE ANNÉE QUE **LE BUT D'ALAIN CÔTÉ** ÉTAIT BON?

TOI, MON ESPÈCE DE MONTRÉALAIS EXILÉ, AVEC TON COMPLEXE DE SUPÉRIORITÉ, T'ES BEN CHANCEUX QUE MON ÉQUIPE SOIT PARTIE GAGNER SES MATCHS DANS UNE AUTRE VILLE.

PFFT! ET TOI, TU VAS ME DIRE QU'IL Y A PLUS DE LUMIÈRES À L'AUTRE BOUT DE LA 20?

ET VOILÀ, **TU M'ENLÈVES L'EAU DE LA BOUCHE!**

BEN! J'AI DES PETITES NOUVELLES POUR TOI CHER **MOURÉALAIS**, OU PLUTÔT, MOU-RÉA-LAID... LAID COMME TOI, COMME TON VILLAGE ET TON CLUB DE HOCKEY!

AH! BEN ÇA, C'EST LA CERISE QUI FAIT DÉBORDER LE VASE.

EXCUSEZ-NOUS! NOUS AIMERIONS FAIRE UN TOUR DE CALÈCHE POUR VISITER LE VIEUX-QUÉBEC.

ALORS, BONNE JOURNÉE, CHAMPION! J'AI UNE MAGNIFIQUE VILLE À FAIRE VISITER.

AUSSITÔT DIT, AUSSITÔT FAIT. C'EST REPARTI POUR UNE TOURNÉE DES RUES EN QUÊTE DE BEAUTÉ ET DE RÊVERIE.

ALORS, LAISSEZ-MOI **PLACOTER** UN PEU À PROPOS DE MON QUÉBEC.

CHERS VOYAGEURS, BIENVENUE DANS LA MAGNIFIQUE VILLE DE QUÉBEC, UN ENDROIT STRATÉGIQUE QUI A VU NAÎTRE BEAUCOUP DE CHOSES...

DU PREMIER *FRENCH KISS,* AU PREMIER HÔTEL DU CONTINENT, NOTRE HISTOIRE EST PARSEMÉE D'ANECDOTES EN TOUT GENRE. PAR EXEMPLE...

C'EST PRÉCISÉMENT LE 3 JUILLET 1608 QUE SAMUEL DE CHAMPLAIN A DÉBARQUÉ AU PIED DU **CAP DIAMANT** POUR Y INSTALLER UNE COLONIE. AH! CET ADORABLE CHAMPLAIN, 29 FOIS IL A TRAVERSÉ L'OCÉAN ATLANTIQUE, ET SEMBLE-T-IL QU'IL N'AIT JAMAIS APPRIS À NAGER.

PROBABLEMENT LA PEUR DE L'EAU, J'IMAGINE!

ON M'A DÉJÀ DIT QUE SA FEMME ÉTAIT TRÈS JOLIE... QU'HÉLÈNE DE CHAMPLAIN, ELLE FAISAIT VRAIMENT GRANDE DAME, SURTOUT QUAND ON SAIT QU'ELLE ÉTAIT DE 28 ANS SA CADETTE.

MAIS, ELLE S'ENNUYAIT UN PEU ICI, EN NOUVELLE-FRANCE. ELLE TROUVAIT QUE SON MARI VOYAGEAIT TROP.

AH! CES FAMEUX VOYAGES D'AFFAIRES, C'EST DUR POUR UNE VIE DE COUPLE.

MAIS J'SUIS SÛR QUE DE NOS JOURS ELLE NE S'ENNUIERAIT PLUS **PANTOUTE.** AVEC LES BONS RESTOS, LES BOUTIQUES, LA VIE NOCTURNE SUR **GRANDE-ALLÉE...** LES TEMPS ONT BIEN CHANGÉ!

Au Gré du Vent
CERFS-VOLANTS SPORTIFS & FAMILIAUX

CERFS-VOLANTS SPORTIFS ET FAMILIAUX

SIÈGE SOCIAL: PLACE DU MARCHÉ
LA CÔTE, ÉTANG-DU-NORD
TÉL.: 418.986.5069 // 418.986.5000

COURRIEL: INFO@GREDUVENT.COM

w w w . g r e d u v e n t . c o m

VENTE • RÉPARATION • INITIATIONS • ANIMATION
COURS • ATELIERS DE FABRICATION • FORFAITS

LA CONSTRUCTION DE L'HÔTEL DU PARLEMENT DÉBUTA EN 1877. CE N'EST QU'EN 1886 QUE L'ON TERMINA L'ÉRECTION DE LA TOUR CENTRALE DÉDIÉE À JACQUES CARTIER. LA CONCEPTION ET LES PLANS DE CET ÉDIFICE REMARQUABLE SONT L'OEUVRE DU CÉLÈBRE ARCHITECTE EUGÈNE-ÉTIENNE TACHÉ. UNE SUPERBE CONSTRUCTION QUI, DE NOS JOURS, A ENCORE BIEN DES HISTOIRES À RACONTER.

TOUT PRÈS DE LÀ, EN CETTE BELLE JOURNÉE DE MAI, DAGOBERT SE REMÉMORE UNE RENCONTRE FAITE IL Y A QUELQUES ANNÉES AVEC UN PERSONNAGE MARQUANT DE NOTRE HISTOIRE.

UNE BALADE QU'IL N'EST PAS PRÈS D'OUBLIER. *JE ME SOUVIENS!*

MONSIEUR LE COCHER, S'IL VOUS PLAÎT, EMMENEZ-MOI LOIN DE CE PARLEMENT, ILS SONT EN TRAIN DE ME RENDRE COMPLÈTEMENT FOU LÀ-DEDANS.

MONSIEUR *LÉVESQUE*, C'EST UN HONNEUR POUR MOI DE VOUS AVOIR COMME CLIENT.

VOUS ALLEZ VOIR, Y A RIEN COMME UN TOUR EN CALÈCHE POUR RÉGLER LES PETITS DIFFÉRENDS.

EFFECTIVEMENT, RIEN COMME UN PEU D'AIR FRAIS, LES BONS CONSEILS D'UN COCHER ET LA BEAUTÉ DU PAYSAGE DE QUÉBEC POUR SE CHANGER LES IDÉES.

C'EST PAS UN PETIT DIFFÉREND, C'EST PIRE QU'UNE CHICANE DE MÉNAGE QUI N'EN FINIT PLUS.

JE VOUS COMPRENDS TELLEMENT! CHARLOTTE ET MOI ON VIT LE MÊME PROBLÈME CES TEMPS-CI. ON SE CHICANE TOUJOURS POUR UN OUI OU POUR UN NON.

C'EST SOUVENT LA MÊME HISTOIRE. J'IMAGINE QUE LÀ, VOUS VOUS PARLEZ DE MOINS EN MOINS, QUE VOUS VOUS ISOLEZ CHACUN DE VOTRE BORD.

OUI, ELLE EST DE PLUS EN PLUS INDÉPENDANTE AVEC MOI. ON DIRAIT QU'ELLE FAIT DES CHOSES DANS MON DOS...

VILLE DE QUÉBEC

23 JUIN; PRÉPARATIFS POUR LA CÉLÉBRATION DE LA SAINT-JEAN-BAPTISTE.

DE NOS JOURS, LES PLAINES SONT LE THÉÂTRE D'ÉVÉNEMENTS BEAUCOUP PLUS HEUREUX. LIEU D'ESPACE ET DE VERDURE, ELLES REPRÉSENTENT UN SITE ENCHANTEUR, TANT POUR LES NOMBREUX RASSEMBLEMENTS PUBLICS QUE POUR UN TÊTE-À-TÊTE AMOUREUX. L'ENVIRONNEMENT A PEUT-ÊTRE CHANGÉ QUELQUE PEU, MAIS L'OEIL PERSPICACE POURRA TOUJOURS CONTEMPLER CERTAINS VESTIGES DU PASSÉ.

ALORS CHER COLLÈGUE, UNE DERNIÈRE PETITE BOUTEILLE AVANT LE SPECTACLE?

OUI! COMME ON DIT: IL NE FAUT PAS REMETTRE À DEMAIN LA BIÈRE QUI ROULE ET QUI FAIT DE LA MOUSSE!

IL SEMBLE QUE TOURISTES ET VISITEURS ATTENDRONT CETTE FOIS-CI. L'EXCITATION À CÉLÉBRER LE QUÉBEC AURA EU LE DESSUS SUR LE TRAVAIL. LES VOILÀ EN ROUTE POUR SE JOINDRE AUX FÊTARDS.

À QUELQUES MINUTES DE LÀ, LA FÊTE BAT SON PLEIN ET L'AMBIANCE EST À LA RIGOLADE. DES GENS DE TOUTES LES RACES ET DE TOUTES LES CULTURES SONT RÉUNIS POUR RENDRE HOMMAGE AU QUÉBEC D'AUJOURD'HUI.

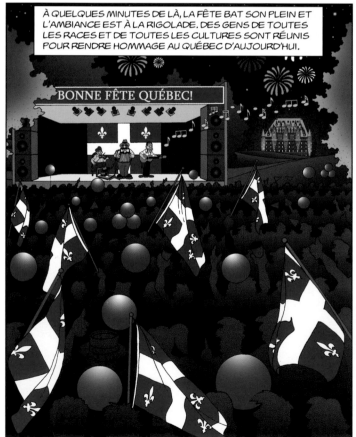

BONNE FÊTE QUÉBEC!

EN FAMILLE OU ENTRE AMIS, L'IMPORTANT, C'EST DE PARTICIPER...

ET TANT PIS POUR CEUX QUI SE SERONT **ENFARGÉ LES PIEDS DANS LES FLEURS DU TAPIS!**

DÉBUT JUILLET; TOUT LE MONDE DEHORS POUR LE FESTIVAL D'ÉTÉ.

EN PLEIN COEUR DE L'ÉTÉ, QUÉBEC VIT AU RYTHME MUSICAL. POUR DES CENTAINES DE MILLIERS DE PERSONNES...

DONT MAURICE ET DAGOBERT, CETTE GRANDE CÉLÉBRATION DE LA MUSIQUE REPRÉSENTE UN MOMENT D'ÉVASION ET DE DÉCOUVERTES.

MUSIQUE D'ICI, MUSIQUES DU MONDE AUX ACCENTS DIVERS, PENDANT CES QUELQUES JOURS DE FÊTE, LA CULTURE N'A PLUS DE FRONTIÈRES.

... ET SWIGNE LA BACAISSE DANS L'FOND D'LA BOÎTE À BOIS!

POUR CERTAINS, C'EST L'OCCASION PARFAITE DE SE LAISSER BERCER PAR LES DOUCES NOTES D'UN CONCERTO.

ALORS QUE D'AUTRES SE LAISSERONT ENVAHIR PAR DE VIVES ÉMOTIONS.

DES RYTHMES AUX COULEURS DU SUD...

YEAH MAN! VIVE LES RASTAS ET PAIX SUR LA TERRE AUX HOMMES DE BONNE VOLONTÉ!

AUX TECHNIQUES SAVANTES DES CHOEURS...

NA-NA-NA NA NA-NA NA-NA NA HEY!

EN PASSANT PAR DES EXPÉRIENCES AUDITIVES AHURISSANTES...

BIENVENUE DANS LA CINQUIÈME DIMENSION, MON FRÈRE.

CHACUN, SANS EXCEPTION, TROUVE MUSIQUE À SON OREILLE. MAIS, CONSEIL DE PRO, POUR TERMINER EN BEAUTÉ CETTE SOIRÉE, RIEN DE TEL QU'UNE PETITE VISITE DANS UN BAR-CHANSONNIER TYPIQUE DE LA VILLE.

UN-DEUX-TROIS-QUATRE-CINQ-SIX-SEPT

QUÉBEC!

AUJOURD'HUI, FLEUR-DE-LYS, ON VA DEVOIR SORTIR NOTRE JAPONAIS DES GRANDS JOURS. ON A DE LA VISITE QUI VIENT DE LOIN ET FAUDRA LEUR EN METTRE PLEIN LA VUE.

TERMINUS D'AUTOBUS
(VIEUX-QUÉBEC)

C'EST UN HONNEUR POUR MONSIEUR ET MADAME TAKIWAKI DE RENCONTRER DAGOBERT.

MONSIEUR ET MADAME WAKITOKI, SOYEZ LES BIENVENUS À QUÉBEC.

MONSIEUR DAGOBERT EST TRÈS GENTIL DE NOUS FAIRE VISITER.

C'EST UN PLAISIR! ALORS LAISSEZ-MOI VOUS **PLACOTER** UN PEU À PROPOS DE MON QUÉBEC.

COMME VOUS LE SAVEZ DÉJÀ CERTAINEMENT, MONSIEUR ET MADAME IBACHI, BIEN AVANT L'ARRIVÉE DE L'HOMME BLANC, LE CONTINENT ÉTAIT PEUPLÉ D'AMÉRINDIENS...

DONC, J'AI PENSÉ QU'UNE PETITE VISITE CHEZ MES AMIS SERAIT TOUTE DÉSIGNÉE POUR VOUS EN APPRENDRE DAVANTAGE SUR LA CULTURE HURONNE.

Office du tourisme de Québec
835, avenue Wilfrid-Laurier, Québec (Québec) G1R 2L3
Tél. : (418) 641-6290 Courriel : info@quebecregion.com
www.regiondequebec.com

Elle a tout pour plaire

SITE TRADITIONNEL HURON
« ONHOÜA CHETEK8E »
575, STANISLAS KOSKA
WENDAKE (QUÉBEC)
G0A 4V0

TÉL.: 418-842-4308
FAX: 418-842-3473

www.huron-wendat.qc.ca
Ouvert tous les jours de l'année!

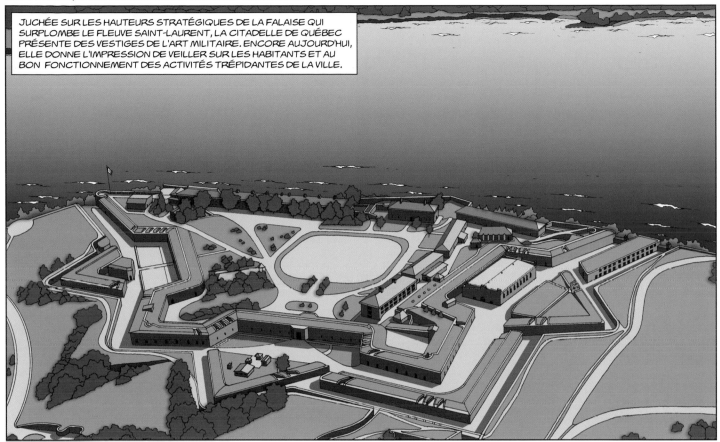

JUCHÉE SUR LES HAUTEURS STRATÉGIQUES DE LA FALAISE QUI SURPLOMBE LE FLEUVE SAINT-LAURENT, LA CITADELLE DE QUÉBEC PRÉSENTE DES VESTIGES DE L'ART MILITAIRE. ENCORE AUJOURD'HUI, ELLE DONNE L'IMPRESSION DE VEILLER SUR LES HABITANTS ET AU BON FONCTIONNEMENT DES ACTIVITÉS TRÉPIDANTES DE LA VILLE.

CETTE FOIS-CI, DAGOBERT ET CHARLOTTE SE DONNENT RENDEZ-VOUS DANS LE QUARTIER DU PETIT-CHAMPLAIN OÙ COSTUMES D'ÉPOQUE ET TRADITIONS SONT À L'HONNEUR, EN HOMMAGE À LA NOUVELLE-FRANCE ET À SES TOUT PREMIERS HABITANTS.

BONJOUR GENTE DAME! VOUS ÊTES TOUT SIMPLEMENT RAVISSANTE DANS VOTRE ROBE RENAISSANCE...

CE SOIR, POUR NOTRE RETOUR, VOUS AUREZ DROIT À UN TRAITEMENT DE FAVEUR, UNE PETITE GÂTERIE BIEN LOCALE.

ENFIN! IL ME TRAITE AVEC GALANTERIE!!!

MAIS QUE FAITES-VOUS DONC AVEC VOTRE ÉTRANGE APPAREIL, SIMPLE SUJET? VOUS DEVRIEZ ÊTRE EN TRAIN DE LABOURER LA TERRE AU PROFIT DE VOTRE NOBLE SEIGNEUR...

ET VOUS, PETITE DAME. SEMBLERAIT-IL QU'IL EST TEMPS D'AGRANDIR VOTRE FAMILLE! SIX GARÇONS ET NEUF FILLES, C'EST BIEN PEU. IL FAUT SAVOIR PRÉPARER LA RELÈVE, VOUS SAVEZ!

VILLE DE QUÉBEC

AU COEUR DU VIEUX-QUÉBEC, LE QUARTIER DU PETIT-CHAMPLAIN ET LA PLACE ROYALE SONT DES ENDROITS TRÈS PRISÉS DES TOURISTES. LE PETIT CHAMPLAIN EST LE PLUS ANCIEN QUARTIER FRANCOPHONE EN AMÉRIQUE DU NORD ET LE PREMIER LIEU DE COMMERCE DU CONTINENT. SON ARCHITECTURE EST PITTORESQUE ET LES RENCONTRES Y ONT QUELQUE CHOSE D'ÉTERNEL.

C'EST LÀ AUSSI QUE L'ON RETROUVE LE TOUT PREMIER ESCALIER DE LA VILLE DE QUÉBEC, CONSTRUIT DANS LES ANNÉES 1600. DEPUIS CE TEMPS, L'ESCALIER CASSE-COU, AU NOM ÉVOCATEUR, PERMET DE FAIRE LA LIAISON ENTRE LA BASSE ET LA HAUTE-VILLE...

BON, MA DOUCE PRINCESSE! CHOSE PROMISE, CHOSE DUE. LE MOMENT EST ENFIN VENU POUR MOI DE TE TÉMOIGNER MON ATTACHEMENT ET MON AMOUR.

... TOUT COMME LE FUNICULAIRE QUI DONNE ACCÈS À LA TERRASSE DUFFERIN, UN LIEU DE RASSEMBLEMENT IMPORTANT OÙ LE PANORAMA ENCHANTEUR PERMET AUX SPECTATEURS D'ATTEINDRE LE NIRVANA.

MAIS CHÉRIE, JE NE TE COMPRENDS PAS! JE CROYAIS QUE GRÂCE AU FUNICULAIRE, T'ÉVITER DE MONTER LES MARCHES DE L'ESCALIER TE RENDRAIT HEUREUSE. C'EST UNE BALADE DIRECTEMENT AU 7ᵉ CIEL ET, EN PLUS, C'EST MOI QUI PAYE!

C'EST UN FAIT BIEN CONNU, QUE LA VILLE DE QUÉBEC EST UN ENDROIT IDYLLIQUE POUR LES AMOURS PERDUS... OU PLUTÔT, POUR RETROUVER ET RENOUER AVEC LES AMOURS ÉGARÉS.

CHAQUE ANNÉE, DAGOBERT VOIT PASSER DES MILLIERS DE GENS EN QUÊTE DE LA PETITE FLAMME DES DÉBUTS. DES AMOUREUX À LA RECHERCHE D'UN PEU DE FANTAISIE.

MONSIEUR LE COCHER, EST-CE QUE VOUS POUVEZ DIRE À LA DÉSAGRÉABLE PERSONNE À CÔTÉ DE MOI D'ÉTEINDRE SON CIGARE QUI EMPESTE LES ALENTOURS?

MONSIEUR LE COCHER, EST-CE QUE VOUS POUVEZ DIRE À LA PERSONNE D'À CÔTÉ, QUI EST, MALHEUREUSEMENT POUR MOI, MA FFMME, DE BIEN VOULOIR ENDURER LA FUMÉE OUBEDON DE CONTINUER À PIED?

MAUDIT COURAILLEUX, SALE ÉGOÏSTE, PAUVRE NIOCHON!

PETITE VLIMEUSE CONTRÔLANTE, ESPÈCE DE DÉVERGONDÉE!

BON, BON, BON! LAISSEZ-MOI DONC VOUS PLACOTER UN PEU À PROPOS DE MON QUÉBEC.

ALORS, VOUS ÊTES ICI DANS LA PLUS EUROPÉENNE DES VILLES D'AMÉRIQUE.

EN PASSANT DEVANT LE PONT DE QUÉBEC.

ICI, TOUT RESPIRE LE ROMANTISME, LA PASSION, LA TENDRESSE.

PFFT! ON RESPIRE PAS TOUS LA MÊME CHOSE.

CROYEZ-MOI, IL Y A QUELQUE CHOSE DE MAGIQUE, D'IRRÉSISTIBLE...

POUR CHARLOTTE ET MOI, Y A RIEN COMME UNE PETITE CROISIÈRE POUR RAVIVER LA FLAMME!

ICI, LE PORT DE QUÉBEC, QUI ACCUEILLE CHAQUE ANNÉE DES BATEAUX DE CROISIÈRE PROVENANT DE PARTOUT SUR LA PLANÈTE.

WOW! C'EST PAYANT, D'ÊTRE COCHER!

ET POUR LES MOINS FORTUNÉS, IL Y A TOUJOURS LA « NON MOINS ROMANTIQUE » CROISIÈRE ENTRE QUÉBEC ET LÉVIS.

AH! J'AI BIEN DIT: UNE PETITE CROISIÈRE.

QUÉBEC-LÉVIS

VÉRITABLE MUSÉE À CIEL OUVERT, QUÉBEC OFFRE CE PETIT JE-NE-SAIS-QUOI QUI NE LAISSE PERSONNE INDIFFÉRENT.

DE LA MAGIE AU TOUCHER, DU PARFUM POUR LE NEZ, DES SPLENDEURS POUR LA VUE...

REGARDE COMME C'EST POÉTIQUE, ON SE CROIRAIT DANS UN FILM D'AMOUR.

... DE LA MUSIQUE POUR LES OREILLES, TOUS LES SENS SONT COMBLÉS!

MAIS LAISSEZ- MOI VOUS MONTRER UN ENDROIT MAJESTUEUX, UN LIEU ENCHANTEUR HAUTEMENT APPRÉCIÉ DES VISITEURS.

ÇA MARCHE VRAIMENT À TOUT COUP!

SITE INCONTOURNABLE DE LA RÉGION DE QUÉBEC, LA CHUTE MONTMORENCY S'ÉCLAIRE DE MILLE ET UN FEUX D'ARTIFICE LORS DES CHAUDES SOIRÉES D'ÉTÉ, ET CE, POUR LE PLAISIR DES AMOUREUX QUI ASSISTENT AU SPECTACLE.

UNE AUTRE MISSION ACCOMPLIE, FLEUR-DE-LYS.

ROLANDE, T'AS VU COMME C'EST BEAU? J'AI PRESQUE ENVIE DE VERSER UNE LARME...

AUBERGE
SAINT·ANTOINE
• • • • • • • • •

AUBERGE SAINT-ANTOINE
8, RUE SAINT-ANTOINE
QUÉBEC (QC) G1K 4C9

TÉL.: 418-692-2211
SANS FRAIS: 888-692-2211

www.saint-antoine.com

RELAIS & CHATEAUX

22

LORSQUE SEPTEMBRE POINTE LE BOUT DE SON NEZ, UNE TRADITION TOUTE FAMILIALE VEUT QUE LES GENS SE RENDENT À L'ÎLE D'ORLÉANS POUR L'AUTO-CUEILLETTE DE FRUITS.

CETTE VISITE CHEZ LES **ORLÉANAIS**, EST AUSSI UNE BONNE OCCASION DE SE RÉGALER CAR...

MON GARÇON, PROFITONS DE DAME NATURE POUR FAIRE BONNE CHÈRE!

... LONGTEMPS CONSIDÉRÉE COMME LE GARDE-MANGER DU QUÉBEC, L'ÎLE D'ORLÉANS POSSÈDE UNE TERRE FERTILE ET FORT GÉNÉREUSE.

J'VEUX UNE **POUTINE**, BON!

OUF! ENFIN UN PEU DE VITAMINES. À LA LONGUE, LA NOURRITURE RAPIDE ET LES PRODUITS SURGELÉS, ÇA REND UN PEU DINGUE!

POUR LES ADEPTES DU PLEIN AIR, DIFFICILE DE NE PAS TOMBER SOUS LE CHARME DE CE GRAND MARCHÉ À PERTE DE VUE.

ABRAHAM, AUJOURD'HUI JE VAIS TE FAIRE DÉCOUVRIR QUELQUE CHOSE DE MERVEILLEUX... ÇA S'APPELLE UNE POMME!

C'EST AINSI QUE LES HALTES SE SUCCÈDENT, AU HASARD ET POUR LE PLUS GRAND PLAISIR DU PALAIS.

VAS Y, GOÛTE! C'EST PAS PARCE QUE LES POMMES SONT BONNES POUR LA SANTÉ QUE TU N'AIMERAS PAS ÇA!

NON MAIS, QU'EST-CE QU'IL FAUT PAS ENTENDRE: VITAMINES, SANTÉ, NATURE...

MIAM! QUEL RÉGAL... ILS ONT IMITÉ LA SAVEUR DE LA **SLUSH** ROUGE!

CURIEUSEMENT, LES ARTISANS DE LA TERRE ET LEURS PRODUITS DU TERROIR FINISSENT PAR ÉMERVEILLER ABRAHAM...

... QUI INSISTE TOUT DE MÊME AUPRÈS DU PATERNEL POUR NE PAS DÉLAISSER LES BONNES VIEILLES HABITUDES DU PASSÉ.

CHOCOLATERIE

TU SAIS ABRAHAM, C'EST SUR L'ÎLE QUE TOUT A COMMENCÉ ENTRE FLEUR-DE-LYS ET MOI.

LAISSE-MOI DONC TE **PLACOTER** UN PEU...

UNE AUTRE RÉCOLTE INCROYABLE, FÉLIX! LA TERRE FUT GÉNÉREUSE ENCORE CETTE ANNÉE!

ET MES SOULIERS, ILS SE SONT PROMENÉS AUX CHAMPS COMME JAMAIS AUPARAVANT!

MON BRAVE, C'EST EN REGARDANT LES SOULIERS D'UN HOMME QU'ON Y MESURE TOUT L'ESSENTIEL!

ET, AFIN DE RÉCOMPENSER TON LABEUR ET TE PERMETTRE D'ALLER ENCORE PLUS LOIN DANS LA VIE, J'AI PENSÉ À TOI POUR PRENDRE SOIN DE MA PETITE POULICHE...

MOI, MES SOULIERS ONT PASSÉ DANS LES PRÉS, MOI MES SOULIERS ONT PIÉTINÉ LA LUNE, PUIS MES SOULIERS ONT COUCHÉ CHEZ LES FÉES ET FAIT DANSER PLUS D'UNE.*

AU FAIT, TU ME DONNES UNE IDÉE! ÉCOUTE DONC CECI.

CE CHER FÉLIX, QU'EST-CE QU'IL PEUT ME MANQUER...

VOILÀ MES SOULIERS USÉS FÉLIX, MAIS T'INQUIÈTE PAS, JE CONTINUE MA ROUTE.

FÉLIX LECLERC 1914-1988

*MOI MES SOULIERS, CHANSON DE FÉLIX LECLERC

CHOCOLATERIE DE L'ÎLE D'ORLÉANS
150, CHEMIN DU BOUT-DE-L'ÎLE
SAINTE-PÉTRONILLE, ÎLE D'ORLÉANS
BOUTIQUE: 828-2250
CAFÉ•RESTO: 828-0302

FIN SEPTEMBRE; LES FRANÇAIS DÉBARQUENT AU QUÉBEC.

L'ARRIVÉE DE L'AUTOMNE COÏNCIDE AVEC LE DÉFERLEMENT DE NOMBREUX FRANÇAIS VENUS EXPLORER LES QUATRE COINS DE NOTRE PAYS.

SALUT COUSIN! ALORS, ON SE LA FAIT CETTE PETITE VIRÉE EN CALÈCHE, OU QUOI?

BONJOUR! JE PARIE QUE VOUS ÊTES FRANÇAIS.

AH! COMMENT AVEZ-VOUS FAIT POUR DEVINER? OUI, JE SUIS FRANÇAIS, ET DE PASSAGE POUR QUELQUES JOURS DANS LA BELLE PROVINCE.

ET VOUS AVEZ CHOISI DE VOUS ARRÊTER ICI POUR VISITER NOTRE MAGNIFIQUE CAPITALE?

EN FAIT, CE MATIN JE VISITE QUÉBEC, J'AIMERAIS VOIR LE **ROCHER PERCÉ** EN DÉBUT D'APRÈS-MIDI ET ME RENDRE AUX **CHUTES NIAGARA** POUR LE CRÉPUSCULE.

OUF! J'ESPÈRE QUE VOUS NE PRÉVOYEZ PAS DE FAIRE LE TRAJET EN RAQUETTES!

MAIS VOYONS, QU'EST-CE QU'IL DIT, CE MEC?

OUI, VOUS SAVEZ, LES RAQUETTES À NEIGE QU'UTILISAIENT NOS ANCÊTRES POUR SE DÉPLACER DURANT L'HIVER?

AH OUI! VOUS VOULEZ DIRE DES **BASKETS À FLOCONS**! MAIS IL EST IMPAYABLE, CE COCHER.

PAF!

ALORS, LAISSEZ-MOI **PLACOTER** UN PEU À PROPOS DE MON QUÉBEC.

AUTREFOIS DESTINÉES À ÉVITER LES VISITES SURPRISES, LES FORTIFICATIONS SERVENT AUJOURD'HUI POUR LES VISITES GUIDÉES, UN PEU PARADOXAL N'EST-CE PAS?

ADMIREZ, À VOTRE GAUCHE, LES MAGNIFIQUES REMPARTS...

LONGS DE 4,6 KILOMÈTRES D'HISTOIRE, ILS FONT DE QUÉBEC LA SEULE VILLE FORTIFIÉE EN AMÉRIQUE DU NORD.

 Parcs Canada Parks Canada

LIEU HISTORIQUE NATIONAL DU CANADA DES FORTIFICATIONS-DE-QUÉBEC
100, RUE SAINT-LOUIS
QUÉBEC

TÉL : (418) 648-7016 / 1 888 773-8888
www.pc.gc.ca/fortifications

Canadä

 (25)

La randonnée pédestre guidée; Québec ville fortifiée!
Suivez le guide de Parcs Canada! Traversez trois siècles et plongez dans l'histoire de Québec tout en explorant le génie de son système défensif.

ET C'EST ICI, *LÀ OÙ LE FLEUVE RÉTRÉCIT* ET GRÂCE À VOUS, CHERS COUSINS FRANÇAIS, QUE QUÉBEC EST DEVENU LE BERCEAU DE LA CIVILISATION FRANÇAISE EN AMÉRIQUE.

OUAIS! C'EST TOP NIVEAU, VACHEMENT CLASS ET SUPER NICKEL, LA LANGUE FRANÇAISE! FAUT PAS L'OUBLIER.

L'ÉDIFICE PRICE EST LE PREMIER GRATTE-CIEL À AVOIR ÉTÉ ÉRIGÉ DANS L'ENCEINTE DU VIEUX-QUÉBEC. LE DEUXIÈME ET DERNIER EST L'HÔPITAL DE L'HÔTEL-DIEU. DEPUIS 1937, UN RÉGLEMENT INTERDIT TOUTE CONSTRUCTION D'UNE HAUTEUR DE PLUS DE 65 PIEDS.

L'INFLUENCE FRANÇAISE A AUSSI MARQUÉ UN DES GRANDS SYMBOLES DE NOTRE IDENTITÉ...

NOTRE DRAPEAU, LE **FLEURDELISÉ**, A DÉFINITIVEMENT PUISÉ SES RACINES DANS VOTRE HÉRITAGE.

ET DANS LA PLUS EUROPÉENNE DES VILLES DU CONTINENT, L'ARCHITECTURE FAIT RÉFÉRENCE AUX GRANDS COURANTS...

REGARDEZ, DEVANT VOUS, CET ÉDIFICE DE STYLE BEAUX-ARTS AUX TENDANCES ART DÉCO.

À CHAQUE COIN DE RUE, LES PASSIONNÉS D'ARCHITECTURE DÉCOUVRENT DES OEUVRES IMPOSANTES, DES CONSTRUCTIONS HISTORIQUES ET MAGNIFIQUES, DES FORMES DÉLICATES ET, PARFOIS MÊME, DES INSTALLATIONS D'UNE ORIGINALITÉ AHURISSANTE...

ALORS QU'ICI, VOUS AVEZ UNE ARCHITECTURE D'INSPIRATION MÉDIÉVALE...

ET LÀ, LE STYLE... PLUTÔT « ERREUR DE JUGEMENT DU MODERNISME »...

... OU QUAND LES GRANDES IDÉES RENCONTRENT UN MUR.

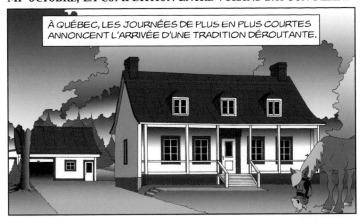

À QUÉBEC, LES JOURNÉES DE PLUS EN PLUS COURTES ANNONCENT L'ARRIVÉE D'UNE TRADITION DÉROUTANTE.

UNE TRADITION QUI PREND LA FORME D'UN RITUEL DÈS QUE LES MASSES D'AIR FROID CEINTURENT LA VILLE.

UNE TRADITION ANNUELLE QUI, AU PASSAGE, LAISSE DE GROSSES CICATRICES POUR PLUSIEURS MOIS.

UNE TRADITION PSYCHOLOGIQUEMENT IDENTIFIÉE COMME...

LE CULTE DE L'ABRI À NEIGE.

SALUT VOISIN, C'EST AUJOURD'HUI LE GRAND JOUR. PRÊT? ON Y VA DANS TROIS... DEUX... UN...

OH! OUI JE SUIS PRÊT. J'VEUX PAS ME FAIRE PRENDRE CETTE ANNÉE! COMME ON DIT : VAUT MIEUX PRÉVENIR... LA PLUIE QUE LE BON TEMPS!

GO!

ALORS À NOUS DEUX! SI JE ME SOUVIENS BIEN, L'ANNÉE DERNIÈRE, J'AVAIS COMMENCÉ PAR CECI.

C'EST AVEC PASSION, QU'ON S'AFFAIRE À MONTER FIDÈLEMENT LES STRUCTURES.

♪♫ DONNEZ-MOI DES ROSES MADEMOISELLE, CAR J'AI RENDEZ-VOUS...*

BON, TU VAS ENCORE NOUS METTRE CETTE HORREUR DANS LA FACE CETTE ANNÉE?

OUF! ... HUM! EUH!... HEIN!... PARDON?...

* DONNEZ-MOI DES ROSES, CHANSON DE FERNAND GIGNAC

CHÉRIE! TU SAURAS ME REMERCIER QUAND LES FLOCONS NOUS ENVAHIRONT.

CHÉRI! J'TE RAPPELLE QU'ON N'A MÊME PAS D'AUTO!

AH! LES FEMMES, IL FAUT TOUJOURS QU'ELLES S'ATTARDENT SUR LES PETITS DÉTAILS.

DAGOBERT, CROIS-MOI, UN HOMME AVERTI VAUT MIEUX QUE DEUX TU L'AURAS!

FIERS DE LEURS OEUVRES, LES DEUX SCULPTEURS SE FÉLICITENT EN SE DISANT QUE MAINTENANT, L'HIVER PEUT BIEN ARRIVER, ILS SERONT À L'ABRI DES INTEMPÉRIES.

GRRRR!

TERMINÉ!

JE M'INCLINE ENCORE UNE FOIS, MAIS PRENDS GARDE, J'AURAI MA REVANCHE L'ANNÉE PROCHAINE!

POP!

APRÈS CET EFFORT COLOSSAL DU CONTRE LA MONTRE, LA COMPÉTITION EST LOIN D'ÊTRE TERMINÉE.

T'AS PEUT-ÊTRE GAGNÉ TES ÉPAULETTES AVEC L'ABRI, MAIS TU ME BATTRAS PAS AUX CARTES.

PLUS TARD, DANS LA SOIRÉE...

ET LE CLOU SUR LE *SUNDAE*, CHER COLLÈGUE...

C'EST AINSI QUE POUSSERONT, TELS DES CHAMPIGNONS, LES ABRIS À NEIGE QUI MEUBLERONT L'ESPACE, LE TEMPS D'UN AUTRE HIVER; AU GRAND DAM DE CERTAINS ET POUR LE PLUS GRAND BONHEUR DE QUELQUES AUTRES.

Chez MAURICE

Chez DAGOBERT

FIN NOVEMBRE; L'ARRIVÉE DE L'HIVER, ÇA C'EST DU SPORT!

Musée
national des beaux-arts
du Québec

Québec

POUR LES PASSIONNÉS DE VITESSE...

ET LES PLUS CONVENTIONNELS...

PAREIL COMME TON CLUB MAURICE! PAREIL COMME TON CLUB.

EN PASSANT PAR LES EXPLORATEURS DE TOUT ACABIT...

L'AVENTURE EST AU RENDEZ-VOUS, IL SUFFIT SEULEMENT D'Y ÊTRE PRÉSENT.

COMME ME LE DISAIT QUELQU'UN QUI AVAIT BIEN RAISON : AVEC UN ESPRIT SAIN DANS UN CORPS SAIN, TU SERAS LE ROI DU MONDE.

DÉCEMBRE; LE TEMPS DES FÊTES.

LA FÉERIE DE DÉCEMBRE APPORTE SON LOT DE CÉLÉBRATIONS. LA FAMILLE, LE BUREAU, LES AMIS, TOUTES LES RAISONS SONT BONNES...

AH! MAURICE, J'PENSE QUE T'AS BESOIN D'*UN PETIT DRING AVANT DE PARTIR!!*

PRENDRE HIC!... UN P'TIT COUP, HIC!... C'EST AGRÉABLE, HIC!... PRENDRE UN P'TIT COUP C'EST HIC!...

UN CODE ROUGE? PARFAIT, JE VOUS ENVOIE L'ESCOUADE SPÉCIALE IMMÉDIATEMENT.

QUELQUES MINUTES PLUS TARD.

TOC TOC TOC

TOI, AU MOINS, TU ME COMPRENDS, HEIN?...

EN PASSANT, J'ADORE TON MANTEAU DE FOURRURE. ON VA CHEZ TOI OU CHEZ MOI?

AH! BEN, SI C'EST PAS LE PÈRE NOËL QUI VA M'ACCOMPAGNER JUSQU'À LA MAISON! ENCHANTÉ!

TIENS, UN BARRAGE DE POLICE, J'EN CONNAIS UN QUI VA ÊTRE CONTENT!

ROUGE ET OR NATATION
UNIVERSITÉ LAVAL
FONDATEUR DE L'OPÉRATION NEZ ROUGE

 (31)

OPÉRATION NEZ ROUGE
www.operationnezrouge.com

Opération Nez rouge MC

CHAQUE ANNÉE, PLUS DE 2000 JEUNES DE 11 ET 12 ANS SE DONNENT RENDEZ-VOUS À QUÉBEC POUR LE TOURNOI INTERNATIONAL DE HOCKEY PEE-WEE.

PAPA, FAUT QUE JE M'ENTRAÎNE ENCORE POUR ÊTRE LE MEILLEUR DU TOURNOI!

ABRAHAM, ÇA FAIT SIX HEURES QU'ON EST ICI, MOI JE TE TROUVE ASSEZ BON COMME ÇA!

DE TOUTE FAÇON, C'EST LE TEMPS D'ALLER CHERCHER NOS INVITÉS.

AH, OUI! NELSON ET LI, J'AVAIS OUBLIÉ.

LES ÉQUIPES DE POINTE DE DIFFÉRENTS PAYS PARTICIPENT ALORS À LA PLUS IMPORTANTE COMPÉTITION DE HOCKEY MINEUR AU MONDE.

POUR L'OCCASION, LES FAMILLES HÉBERGENT LES JOUEURS ÉTRANGERS VENUS PRATIQUER NOTRE SPORT NATIONAL.

ALLEZ LES ENFANTS, TOUT LE MONDE À TABLE POUR UN BON **PÂTÉ CHINOIS.**

PENDANT UNE DIZAINE DE JOURS, DES JEUNES DE DIVERSES NATIONALITÉS ENTRERONT EN RELATION AVEC LA CULTURE QUÉBÉCOISE...

DE QUOI LEUR DONNER BIEN DES FRISSONS...

C'EST MAGNIFIQUE! UN PETIT - 30°C POUR ACCUEILLIR NOS VISITEURS. QUELLE BELLE JOURNÉE, N'EST-CE PAS, LES AMIS?

ET DANS L'ENCEINTE DU HOCKEY, À QUÉBEC, ILS PRATIQUERONT LEUR SPORT FAVORI EN DONNANT LEUR 110 %, DEVANT DES SPECTATEURS CONQUIS.

COLISÉE

LES BOYS, C'EST POUR NOUS, CETTE PARTIE LÀ! FAISONS HONNEUR AU QUÉBEC!

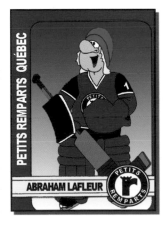

MI-FÉVRIER; ESCAPADE EN AMOUREUX POUR LA SAINT-VALENTIN.

TIENS CHARLOTTE! DANS QUELQUES JOURS CE SERA LA SAINT-VALENTIN ET J'AI PENSÉ QUE PEUT-ÊTRE...

FANTASTIQUE, UNE SOIRÉE À L'HÔTEL DE GLACE, COMME TU ES ROMANTIQUE!

Invitation
HÔTEL DE GLACE

DEPUIS LE TEMPS QU'ON EN PARLE, JE ME SUIS DIT QUE C'ÉTAIT PEUT-ÊTRE LE BON MOMENT POUR LES GRANDES CHOSES. TU T'OCCUPES DE FAIRE GARDER ABRAHAM?

SALUT MAURICE, TU SAIS QUOI? DAGOBERT M'A INVITÉE À L'HÔTEL DE GLACE, J'SUIS CERTAINE QU'IL VA PROFITER DE L'OCCASION POUR FINALEMENT ME DEMANDER EN MARIAGE.

T'IMAGINES, UN MARIAGE EN BLANC, DANS LA CHAPELLE DE GLACE EN PLUS. WOW! C'EST LE PLUS BEAU JOUR DE MA VIE!

APRÈS TRENTE ANS DE VIE COMMUNE, IL ÉTAIT TEMPS QU'IL SE DÉCIDE... MAIS, COMME ON DIT: IL NE FAUT PAS VENDRE LA PEAU DE L'OURS QUI FAIT DES GRIMACES...

EN TOUT CAS, NE VOUS INQUIÉTEZ PAS, J'VAIS BIEN M'OCCUPER DE VOTRE PETIT ABRAHAM.

PUIS, ARRIVE LE GRAND JOUR OÙ L'AVENTURE COMMENCE.

ABRAHAM, SOIS BIEN SAGE AVEC MAURICE ET BROSSE BIEN TES DENTS AVANT DE TE COUCHER.

NE VOUS EN FAITES PAS, IL EST SAGE COMME UNE IMAGE VOTRE PETIT GARÇON.

CHAQUE HIVER, ON RETROUVE DANS LA RÉGION DE QUÉBEC UN SITE À LA FOIS ENCHANTEUR ET SURRÉALISTE. POUR BRISER LA ROUTINE DU QUOTIDIEN, RIEN DE MIEUX QU'UNE VISITE À L'HÔTEL DE GLACE. LE PRINCIPE EST FORT SIMPLE: TOUT, TOUT, TOUT Y EST FABRIQUÉ DE NEIGE OU DE GLACE.

ARRIVÉS SUR LES LIEUX, DAGOBERT ET CHARLOTTE SONT IMMÉDIATEMENT EMBALLÉS PAR LE PANORAMA.

Partez confiant.
Revenez heureux.

(34)

DE JANVIER À AVRIL, LES GENS VIENNENT DE PARTOUT POUR VISITER CETTE ATTRACTION PARTICULIÈRE, UNIQUE ET ÉPHÉMÈRE.

BUVONS À CE DÉCOR TOUT À FAIT FÉERIQUE!

EST-CE QUE TU AURAIS, PAR PUR HASARD, QUELQUE CHOSE À M'ANNONCER?

MOI... HUM! PEUT-ÊTRE QUE OUI... EUH! BON... APRÈS LE SOUPER, SI TU VEUX.

ICI, L'ATMOSPHÈRE EST ENVOÛTANTE, ET TOUT EST EN PLACE POUR SE LAISSER CHARMER OU S'ÉGARER DANS DE GRANDES DÉCLARATIONS.

TU SAIS, CHARLOTTE, ÇA M'A PRIS BEAUCOUP DE TEMPS POUR ME DÉCIDER, MAIS LÀ, J'SAIS QUE JE FAIS LE BON CHOIX. ALORS DONC, APRÈS TOUTES CES ANNÉES D'ATTENTE...

J'AI DÉCIDÉ... DE FAIRE UN RETOUR À L'ÉCOLE!

QUOI! C'EST PAS POUR ME DEMANDER EN MARIAGE QUE TU AS FAIT TOUT ÇA?

TE DEMANDER EN MARIAGE? VOYONS CHÉRIE, J'PENSAIS QUE C'ÉTAIT CLAIR ET QU'ON AVAIT MIS CE PROJET SUR LA GLACE!

LAISSE FAIRE LE « CHÉRIE »! J'VAIS TE MONTRER CE QU'EST UN PROJET SUR LA GLACE!

REGARDE BIEN...

CE SOIR, TU COUCHES SUR LE DIVAN... CHÉRI!

OUAIS!, ILS AVAIENT BIEN RAISON! ICI, TOUT EST DE GLACE... MÊME CHARLOTTE.

MI-FÉVRIER; ON CÉLÈBRE LES JOIES DE L'HIVER.

ALORS QUE LES RIGUEURS DE L'HIVER S'ACHARNENT SUR CERTAINS...

... FÉVRIER REPRÉSENTE, POUR LA GRANDE MAJORITÉ DES QUÉBÉCOIS ET DES VISITEURS, UNE PÉRIODE PROPICE À LA CÉLÉBRATION. COMME LE VEUT LA COUTUME POPULAIRE, ON S'HABILLE CHAUDEMENT ET ON VA JOUER DEHORS POUR LE PLUS GRAND CARNAVAL D'HIVER AU MONDE...

LE CARNAVAL DE QUÉBEC.

AH! Y A RIEN COMME DU P'TIT CARIBOU POUR SE RÉCHAUFFER LE CANAYEN!

L'INTERNATIONAL DE SCULPTURE SUR NEIGE PRÉSENTE AUX PASSANTS PLUSIEURS OEUVRES MAGISTRALES, ET MÊME BOULEVERSANTES...

LA 8e MERVEILLE DU MONDE (Québec)

... ALORS QUE LA CÉLÈBRE COURSE EN CANOT ATTIRE LES GRANDS SPORTIFS DE LA PLANÈTE.

POUR LES PLUS COURAGEUX D'ENTRE TOUS, LES INTRÉPIDES POUR QUI LA FRAYEUR EST UNE INCONNUE...

... LE FAMEUX BAIN DE NEIGE OFFRE DES SENSATIONS PLUTÔT INTENSES À CEUX QUI RELÈVENT CE DÉFI À GLACER LE SANG.

GRÂCE À UNE PANOPLIE D'ACTIVITÉS TOUTES AUSSI DIVERTISSANTES QUE RIGOLOTES, CHACUN SAURA TROUVER CHAUSSURE À SON PIED.

C'EST AINSI QU'AU FIL DES AVENTURES ET DES RENCONTRES SURPRISES, LES SOURIRES SE POSERONT SUR LES VISAGES ENCORE ENGOURDIS PAR LES FRIMAS.

POUR LES **CARNAVALEUX**, L'ÉVÉNEMENT EST LA MEILLEURE EXCUSE POUR PROFITER AU MAXIMUM DES JOIES DE L'HIVER...

... ET PARTICIPER AU POINT CULMINANT D'UNE LONGUE TRADITION CARNAVALESQUE DE QUÉBEC : LE DÉFILÉ DE NUIT DE **BONHOMME**.

L'EUPHORIE EST À SON COMBLE LORSQUE L'AMBASSADEUR DU FLOCON DE NEIGE FAIT SON ENTRÉE EN SCÈNE POUR SALUER LA FOULE.

« JE NAY POINT DE REPONSE A FAIRE A VOSTRE GENERAL QUE PAR LA BOUCHE DE MES CANONS..., »!

UN AUTRE MOMENT MAGIQUE OÙ IL FAUT OUVRIR GRAND LES YEUX POUR NE RIEN MANQUER DE L'ATTRACTION.

IL EST IMPOSSIBLE DE DIRE QU'ON CONNAÎT QUÉBEC SANS L'AVOIR VU, VÊTU DE SES HABITS BLANCS. L'ABONDANCE DE NEIGE APPORTE À CETTE VILLE UNIQUE AU MONDE UNE EXPRESSION D'ALLÉGRESSE ET DE CHALEUR QU'IL FAIT BON DÉCOUVRIR. QUAND, TRANQUILLEMENT, LA VILLE S'ENDORT, LE SPECTACLE OFFERT EST PARADOXALEMENT SIMPLE ET GRANDIOSE, BRUTAL ET GRACIEUX À LA FOIS. UN PUR BONHEUR.

BEN, SI C'EST PAS ÇA, LE PARADIS!...

LES SECRETS CULINAIRES

BINES (fèves au lard)
(environ 8 portions)

Ingrédients :

1/2 lb (225 g) de lard salé, coupé en cubes, blanchi	1 oignon haché	1 gousse d'ail hachée
1 lb (455 g) de fèves blanches (haricots blancs)	1 poivron vert coupé en dés	3 feuilles de laurier
1 c. à thé de moutarde sèche	1 c. à soupe de cassonade	1 c. à soupe de mélasse
2 c. à soupe de pâte de tomates	1 pincée de thym	Sel et poivre
1 tasse (235 ml) de sirop d'érable (*au goût)		

Rincer les fèves et les mettre dans un plat, recouvrir d'eau froide et laisser tremper 12 heures. Dans la même eau, faire bouillir les fèves pendant 30 minutes. Verser les fèves et le bouillon dans une jarre en grès. Ajouter les légumes et tous les autres ingrédients, incluant le sirop d'érable*. Ajouter de l'eau pour recouvrir, et cuire au four à 250 °F (120 °C) pendant 7 heures. À la dernière heure de cuisson, retirer le couvercle pour faire dorer les fèves, et augmenter la chaleur à 350 °F (175 °C).

Historique : Les fèves au lard puisent leurs origines dans la région de Boston, et auraient été introduites au Québec quelque part au XIXᵉ siècle par les bûcherons. Traditionnellement, elles sont servies comme accompagnement au petit déjeuner.

OREILLES DE CRISSE
(6 portions)

Ingrédients :

1 1/4 lb (570 g) de lard salé	1 litre d'eau

Couper le lard salé en tranches de 1/2 pouce (1,2 cm) d'épaisseur et de 3 pouces (8 cm) de longueur. Cuire dans l'eau jusqu'à ébullition. Égoutter. Mettre dans une poêle et faire frire jusqu'à ce que les tranches de lard soient rôties et croustillantes. Les retourner fréquemment durant la cuisson. Lorsque les grillades sont bien dorées, les égoutter sur du papier absorbant. Pour les raffermir davantage, on peut les placer dans une lèchefrite et les mettre au four à 350 °F (175 °C) pendant quelques minutes.

Historique : Les oreilles de crisse sont un mets typique de la cabane à sucre et de la cuisine de chantier, remontant au temps des pionniers et des coureurs des bois qui s'en régalaient pour apaiser leur faim. Ce sont des croustilles de lard qui craquent (qui crissent) lorsqu'on les mange, ce à quoi elles doivent probablement leur nom.

PÂTÉ CHINOIS
(6 à 8 portions)

Ingrédients :

12 pommes de terre moyennes pelées	1 tasse (235 ml) de lait	1 c. à soupe d'huile végétale
1/3 de tasse (80 ml) de beurre	4 échalotes vertes	Paprika et persil
2 boîtes (2 x 398 ml) de maïs en crème	2 lb (900 g) de bœuf haché	Sel et poivre

Cuire les pommes de terre dans de l'eau bouillante salée jusqu'à tendreté. Les égoutter et les piler en ajoutant le beurre et le lait. Saler et poivrer. Simultanément, faire revenir la viande dans l'huile en l'émiettant, ajouter les échalotes. Lorsque la viande est cuite (n'est plus rosée), l'étendre dans le fond d'un grand plat allant au four. Couvrir d'une couche de maïs en crème, puis de purée de pommes de terre. Saupoudrer de paprika et de persil. Faire cuire au four à 375 °F (190 °C) pendant 15 minutes, jusqu'à ce que la purée soit légèrement croûtée et dorée.

Historique : La simplicité du pâté chinois se définit en trois mots : steak, blé d'Inde, patates. Ce plat typiquement québécois serait originaire d'Angleterre, où il était préparé avec de l'agneau. Quant à son nom, la légende dit qu'il aurait été baptisé ainsi alors qu'il représentait la principale nourriture offerte aux Chinois qui travaillaient à la construction des chemins de fer canadiens, à la fin du XIXᵉ siècle.

GLOSSAIRE

À L'AUTRE BOUT DE LA 20 : Expression souvent employée pour désigner la ville de Montréal ou de Québec, selon l'endroit où l'on se trouve. L'autoroute 20 relie ces deux villes.

BASILIQUE DE SAINTE-ANNE-DE-BEAUPRÉ : Église de style néo-roman édifiée en l'honneur de sainte Anne, la basilique de renommée internationale accueille annuellement plus d'un million de visiteurs.

BASILIQUE DE QUÉBEC (NOTRE-DAME) : Située en plein cœur du Vieux-Québec, la basilique-cathédrale Notre-Dame fut déclarée monument historique par le gouvernement québécois en 1966. Sa particularité architecturale en fait une référence provinciale dans l'évolution des courants et des tendances qui ont marqué notre histoire.

BASKETS À FLOCONS : Adaptation française désignant les raquettes utilisées comme semelles pour marcher dans la neige.

BETTE : Bec; visage; allure. *Regardez donc sa bette! Cache-toi la bette!*

BINES : Plat de haricots blancs cuisinés, également appelé fèves au lard. (voir la recette p. 38)

BONHOMME (CARNAVAL) : Célèbre personnage emblématique du Carnaval de Québec, le Bonhomme vit le jour en 1955. Il est parlant et a pour mandat de régner sur les festivaliers, ainsi que d'assurer la promotion de l'événement partout dans monde.

CAP DIAMANT : La haute-ville de Québec a été construite à l'origine sur le faîte du cap Diamant, là on l'on trouve un promontoire de quelque 100 mètres de hauteur qui tire son nom d'une méprise de Cartier et Champlain sur sa composition (qui est en réalité du quartz).

CARNAVALEUX : Nom sympathique donné aux personnes qui participent aux activités d'un carnaval.

CHÂTEAU FRONTENAC : Symbole incontournable de la ville de Québec, le Château Frontenac témoigne du passé. Grâce à son charme notoire et son emplacement en plein cœur du Vieux-Québec, il serait l'hôtel le plus photographié au monde.

CHUTES NIAGARA : Haut lieu touristique canadien, situé sur la frontière américaine, à 100 km de Toronto, les chutes « du » Niagara sont inscrites comme Réserve de biosphère de l'UNESCO.

COURAILLEUX : Désigne un homme qui aime sortir et généralement s'entourer de femmes; coureur de jupons.

DÎNER : Au Québec, repas du midi.

ENFARGER (S') LES PIEDS DANS LES FLEURS DU TAPIS : Se laisser perturber par quelque chose de banal; accorder de l'importance à un sujet qui n'en mérite pas; faire un détour sans raison justifiable.

EN PETIT PÉCHÉ : Expression utilisée à plusieurs sauces pour marquer un fait, une action.

ET SWIGNE LA BACAISSE DANS L'FOND D'LA BOÎTE À BOIS : Expression ancienne typiquement québécoise qui a pour but l'invitation à la danse; synonyme de : en diable.

FLEURDELISÉ : Depuis le 21 janvier 1948, le fleurdelisé est le drapeau officiel du Québec. D'un fond bleu roi, séparé par une croix blanche et orné de quatre fleurs de lys semblables, il symbolise l'aventure française en Amérique du Nord.

GÉNÉRAL WOLFE (1727-1759) : Né à Westerham dans le Kent, James Wolfe gravit rapidement les échelons de la hiérarchie militaire. Malgré la défaite anglaise, il se démarqua lors de la guerre de Sept ans. Deux ans plus tard, une commission le chargeait de l'expédition contre Québec. Il sera mortellement blessé dans la bataille, mais dira avant de rendre l'âme : « Dieu soit loué, je meurs en paix. »

GRANDE-ALLÉE : Artère importante de la ville de Québec, qui tire son nom des premiers temps de la colonie, alors qu'elle était la rue la plus longue de l'agglomération.

JE ME SOUVIENS : Devise du Québec, qui apparut sur les plaques d'immatriculation en 1978 et dont l'auteur est le célèbre architecte Eugène-Étienne Taché (1836-1912).

JE NAY POINT DE REPONSE A FAIRE A VOSTRE GENERAL QUE PAR LA BOUCHE DE MES CANONS ET A COUPS DE FUZIL : Illustre réplique du gouverneur général Frontenac lorsque, en 1690, il repoussa l'attaque sur Québec de sir William Phips.

LA LOI (SUR LES INDIENS) : Quiconque pénètre sans droit ni autorisation dans une réserve indienne est coupable d'infraction et passible, sur déclaration sommaire de culpabilité, d'une amende d'au plus cinquante dollars ou d'un emprisonnement d'au plus un mois, ou à la fois de l'amende et de l'emprisonnement.

LÀ OÙ LE FLEUVE RÉTRÉCIT : Signification de kebek (Québec), nom donné par les Amérindiens algonquins.

L'EAU DE PÂQUES : Cérémonie traditionnelle qui a lieu le dimanche de Pâques avant le lever du soleil et qui consiste à recueillir d'une source une quantité d'eau, à contre-courant. Eau magique, eau curative, eau miraculeuse...

LE BUT D'ALAIN CÔTÉ : Incident sportif qui fait encore beaucoup jaser. En 1987, l'arbitre refusa un but des Nordiques, et les Canadiens l'emportèrent en 7 parties dans la controverse. Encore aujourd'hui, les Montréalais vous diront que le but n'était pas bon, alors que les partisans des Nordiques vous diront qu'ils se le sont fait voler.

LE CULTE DE L'ABRI À NEIGE : Phénomène populaire au Québec, l'implantation massive d'abris faits de toile et servant à protéger les voitures des rigueurs de l'hiver, évite de nombreuses heures de pelletage et de déglaçage après les bordées de neige.

GLOSSAIRE (suite)

LÉVESQUE, RENÉ (1922-1987) : Né à New Carlisle, René Lévesque fut un personnage politique qui marqua profondément le Québec. Il débuta sa carrière comme journaliste et correspondant de guerre, puis fit le saut en politique en 1960, en se faisant élire comme député libéral. En octobre 1968, il fonda le Parti québécois et en devint le chef.

MARQUIS DE MONTCALM (1712-1759) : Né près de Nîmes, Louis Joseph de Saint-Véran entra très jeune dans l'armée. En 1756, il fut envoyé au Québec pour défendre la colonie contre l'envahisseur. Il résista bravement aux tentatives des Anglais jusqu'en 1759, moment où les hommes du général Wolfe débarquèrent sur les plaines d'Abraham. Dans l'affrontement, Montcalm fut blessé mortellement et périt le lendemain de la bataille.

MATCH (DE HOCKEY) DU VENDREDI SAINT : Événement sportif du 20 avril 1984, qui opposa les Nordiques de Québec aux Canadiens de Montréal. Cette partie, qui fut marquée par de nombreuses bagarres et plus de 250 minutes de pénalités, représente l'apogée de cette rivalité. Le match fut gagné par les Canadiens 5 à 3, et les Nordiques furent par le fait même éliminés des séries finales.

MOURÉALAIS : Déformation de Montréalais, utilisée pour exprimer un certain mépris.

NIOCHON (ou GNOCHON) : Nigaud, niais, stupide, bête, innocent.

NONO : Nigaud, niais, stupide, bête, innocent.

OREILLES DE CRISSE : Petites tranches de lard salé grillées (voir la recette p. 38)

ORLÉANAIS : Habitants de l'Île d'Orléans.

OUBEDON : Expression couramment utilisée au Québec, signifiant simplement « ou bien. »

PETIT SÉMINAIRE DE QUÉBEC : Établissement d'enseignement fondé en 1668 par Mgr de Laval et qui a eu pour première mission la formation des prêtres. À partir de 1765, il fut fréquenté par tous les jeunes qui désiraient s'instruire, et il devint alors le tout premier collège classique en Amérique.

PANTOUTE : Pas du tout. *Il ne le sait pas pantoute!*

PÂTÉ CHINOIS : Plat fait de viande hachée, de maïs et de pommes de terre. (voir la recette p. 38)

PLACOTER : Parler, bavarder, raconter des histoires réelles ou imaginaires.

PLAINES D'ABRAHAM : Parc urbain qui fait le bonheur de milliers de citadins et visiteurs, les plaines d'Abraham furent le théâtre du célèbre affrontement entre les armées française et anglaise. La légende veut que le nom d'Abraham lui ait été donné à la mémoire d'un éleveur (Abraham Martin) du début de la colonisation, qui utilisait ce grand espace vert pour nourrir son troupeau.

PONT DE QUÉBEC : Inauguré officiellement par le prince de Galles le 22 août 1919, le pont de Québec, de type *cantilever*, témoigne du génie civil de l'époque. Deux catastrophes majeures marquèrent sa construction. En 1907, une partie importante de l'ouvrage s'écroula, tuant d'un coup 75 ouvriers. En 1916, un autre accident tua 13 personnes.

POUTINE : Mets typiquement québécois, la poutine originale est composée de pommes de terre frites, de fromage en grains et d'une sauce brune. Plusieurs villages du Québec en réclament d'ailleurs la paternité. D'autre part, il en existe nombre de variantes : poutine à la sauce spaghetti, au poulet, au bœuf, à la saucisse, etc.

P'TIT CARIBOU : Mélange traditionnel d'alcools, que l'on boit pour se réchauffer, composé de brandy, d'alcool à 40 °, de sherry, de porto canadien et de Ginger Ale… au goût.

REEL : Pièce de musique entraînante, généralement folklorique, où le violon est à l'honneur.

ROCHER PERCÉ : Situé en Gaspésie, ce curieux rocher attire chaque année dans la localité de Percé de nombreux villégiateurs.

SAINT-JEAN-BAPTISTE : Fête nationale du Québec, qui trouve son origine en Europe et qui rend hommage à saint Jean-Baptiste, patron des Québécois.

SE RÉCHAUFFER LE CANAYEN : Boire de l'alcool; éprouver un sentiment de réconfort et de chaleur en absorbant de l'alcool titrant au moins 40 degrés.

SNOREAU : Homme ou garçon espiègle, déluré, coquin, polisson.

TIRE : Sirop réduit de sucre d'érable qu'on étend sur la neige pour le faire durcir, et qu'on enroule ensuite autour d'un bâton pour le savourer.

TU M'ENLÈVES L'EAU DE LA BOUCHE : Exemple de déformation de proverbes ou de maximes souvent engendrée par une surexposition au monde sportif et (ou) politique québécois et canadien. Certaines personnalités publiques ont effectivement fait leurs marques en improvisant de ces formules restées célèbres.

UN PETIT DRING AVANT DE PARTIR : Slogan utilisé par Opération Nez rouge, organisme fondé en 1984 par Jean-Marie De Koninck (Rouge et Or natation) et qui offre un service de raccompagnement pendant la période des fêtes. Les dons volontaires des clients assurent le financement de diverses organisations.

VLIMEUSE : Personne tordue, mal intentionnée; personne qui aime jouer des tours.

COLLECTION LE VENT QUI VENTE

Les Aventures de Néciphore
Îles-de-la-Madeleine

Les Aventures de Théophile
Saguenay-Lac-Saint-Jean

Les Aventures de Dagobert
Ville de Québec
(versions française et anglaise)

Les Aventures de Philémond
Charlevoix

www.leventquivente.com